दिल से दिल तक...

Sanjay Nanakchand Thadhani

N-shah

BookLeaf Publishing
India | USA | UK

Made with ❤ on the BookLeaf Publishing Platform
www.bookleafpub.in
www.bookleafpub.com

Dedication

This book, titled "Dil se Dil tak", is respectfully dedicated to my esteemed colleague and friend, Chander Gupta, also known as "Deepu." His unwavering support and profound insights have served as a significant source of motivation throughout this project. I sincerely wish him continued health and a long life, enabling him to persist in inspiring many individuals.

NSHAH Sanjay Nanakchand Thadhani1973-2043

Preface

❤2❤

This book, Dil Se Dil Tak (From Heart to Heart), is not a testament to literary craft or academic prowess, but rather a simple, heartfelt journey into the deepest chambers of human emotion. Penned under the name Nshah—a loving tribute to my father, Nanakchand Thadhani—these verses were never truly "written" by my hand. They flowed, instead, directly from the wellspring of my heart.

For years, I, Sanjay Thadhani, have felt a silent urge to articulate the unsaid, to give voice to the feelings that bind us all: the quiet joy, the sharp sting of loss, the eternal quest for meaning, and the profound beauty of simple moments. These poems are the raw, unedited echoes of that inner dialogue. They are thoughts and feelings that demanded release, poured onto the page with an honesty that bypasses the intellect and speaks directly to the soul.

My greatest hope for this collection is encapsulated in its title: Dil Se Dil Tak. I did not write these poems to impress; I wrote them to connect.

If you, the reader or listener, find even a single line that resonates with your own memory, your own secret pain, or your own quiet hope—if a verse makes your heart feel seen, understood, or lighter—then I shall consider this entire endeavor a success.

Open these pages not with an expectation of finding polished poetry, but with a willingness to listen to a friend's honest whisper. May the heart that wrote them reach the heart that reads them.

With profound love and humility,

Sanjay Nanakchand Thadhani (Nshah)

11July1973 - 11July 2043

Acknowledgements

A book born of the heart owes its existence not to one person, but to the many lights that illuminated the path and provided the space for these emotions to breathe and take form.

Firstly, my deepest gratitude is reserved for the inspiration behind my pen name, my revered father, Shri Nanakchand Thadhani. His unwavering love, his quiet strength, and the values he instilled are the foundation upon which my entire life, and indeed this collection, is built. Every emotion captured here, in some way, springs from the environment of love and honesty he created.

I extend my heartfelt appreciation to my family and friends, the constant anchors in my life. Your patience, your belief in my vision, and the countless moments of joy and sorrow we have shared provided the raw material—the dil (heart)—from which these verses flowed. Thank you for your honest feedback and for simply being the audience to my life's story.

A special note of thanks goes to those who helped transform these raw feelings into a tangible book: the quiet hand that supported the manuscript's journey from my private journal to these printed pages. Your technical expertise and tireless effort ensured that the Dil Se Dil Tak connection could finally be made.

And finally, to you, the reader and listener: Thank you for opening this book and, more importantly, for opening your heart to receive these sincere expressions. In the silence between the words, we meet, and for that connection, I am eternally grateful.

Sanjay Nanakchand Thadhani (Nshah)

1. बड़े घर की चाहत ने तो बूढ़ा कर दिया मुझको

बड़े घर की चाहत ने
तो बूढ़ा कर दिया मुझको
वो छोटा घर ही अच्छा था
जहाँ बचपन गुजरता था

हम थोड़े पैसों में भी
कितना सुख से रहते थे
अपना सुख हो या दुख
अपने दिल की कहते थे
बड़ा है अब मकान अपना
मगर उदास सा है दिल
वहाँ छोटे से घर में
हम हस्ते रहते थे ।

वो कितना अच्छा था बड़ा पतीला
छोटे से घर का
यहाँ बड़े घर में बर्तन
छोटे -छोटे होते हैं ।
वो इक दूसरे को आधी रोटी

तोड़ देते थे
यहाँ हम अपनी थाली को
छुपा छुपा के खाते हैं ।

वहाँ घर छोटा था मगर
दिल के बड़े थे सब
यहाँ मकान बड़ा है पर
छोटे दिल हैं अब
वहाँ बहिन भाई सब में
बड़ा ही प्यार होता था
अपने भाई के जैसा ही
अपना यार होता था ।
यहाँ अब डर सताता है
कोई पैसा माँग ही ना ले
कोई हमारी सच्चाई
सच में जान ही ना ले ।
यहाँ उलझे हुए है दिल
वहाँ हम बेबाक़ रहते थे
कोई दुख हो या सुख
हम सब साथ सहते थे ।
ये कैसा हो गया सब कुछ
बताऊं क्या खुदा तुझको
बड़े घर की चाहत ने तो
बूढ़ा कर दिया मुझको ✨😣

Nshah

2. सब कुछ है , मगर मैं नहीं !

सब कुछ है , मगर मैं नहीं !
गाड़ी , बंगला , पैसा
make up का सब समान
सब कुछ है , मगर मैं नहीं !

अब ये तुम्हें देखना है
की कौन सा बहत्तर है ?
वो जीवन जिसमे मैं था
या ये जीवन जिसमें
सब कुछ है , मगर मैं नहीं !

सुख और दुख दोनों को
दोस्त बनाया मैंने
दोनों को प्यार दिया तो
ये जाना मैंने
की दोनों एक दूसरे के ही संगी है
ख़ामख़ाया ही विपरीत शब्द बताया मैंने

ये इसलिए लिख रहा हूँ
की सफ़र का समय बच जाए तुम्हारा

वरना बहुत देर में समझोगे
की जीवन साथ जीने का नाम है
वो जीवन किस काम का जिसमें तुम नहीं !
वो जीवन किस काम का जिसमें मैं नहीं !
फिर भी फैसला तुम्ही पे छोड़ा है
क्या चाहिए तुम्हें ?
सब कुछ और मैं जो की कुदरत के
ना मुक्कमल जहाँ की धारणा के विपरीत है
या सब कुछ ना भी हो पर तुम हो
या सब कुछ , मगर मैं नहीं ❤

Nshah

3. मैं ज़िन्दगी हूँ यारों , मैं बड़ी मुश्किल से मिलती हूँ

मैं ज़िन्दगी हूँ यारों
मैं बड़ी मुश्किल से मिलती हूँ

मुझे देखो , मुझे चाहो
मुझे तुम गुनगुनाओ भी
मैं ख़ुशबू की तरह हूँ
मुझे सीने से लगाओ भी

मैं ज़िन्दगी हूँ यारों
मैं बड़ी मुश्किल से मिलती हूँ
मुझे जी लो जी भर के
मैं तुमको रोज़ तकती हूँ

तुम मेरा नाम लेकर रोज़
काम करने को जाते हो
मगर ये काम कैसा है ?
जिसमें मुझको लुटाते हो

तुम्हारे पैसे तुम्हारी दौलत का

रोल ही क्या है ?
मैं ही नहीं जब पास
तो इनका मोल ही क्या है ?

मुझे समझो नहीं
मुझे जी लो
जी लो मुझे यारों
मैं जिंदगी हूँ यारों
मैं बड़ी मुश्किल से मिलती हूँ ✨😆❤

Nshah

4. बेटियाँ स्वर्ग की अप्सराएँ होती है

बेटियाँ स्वर्ग की अप्सराएँ होती है
मंदिर जाके मैंने बोला प्रभु

मुझको भी चाहिए आप सा ही कोई
प्रभु बोले पिता जब बनोगे कभी
तब तुम्हारे घर आएगी लाड़ली
बस समझ लेना मुराद पूरी हुई
वो मेरा रूप है , है ना दूजा कोई
इस तरह तू मिली है मुझको परी ।
इस तरह तू मिली है मुझको परी । ।

पूछा मैंने प्रभु से क्या करूँ ?
उसकी पूजा करूँ या इबादत करूँ ?
उसको बेटी कहूँ या कहुँ अप्सरा ?
पाँव उसके छूँ या करूँ आरती
नाम उसका रखूँ या कहूँ फिर परी
इस तरह तू मिली है मुझको परी ।
इस तरह तू मिली है मुझको परी । ।

प्रभु बोले मुझे वो है बेटी तेरी
उसको भी क्या पता है ? हकीकत तेरी
वो मेरा अंश है ये है तुझको पता
उसको पता ही नहीं है इस बात का
वो आई नहीं है , है भेजी गई
इस तरह तू मिली है मुझको परी ।
इस तरह तू मिली है मुझको परी । ।

Nshah

5. सुख या दुख

सुख बोलूँ या दुख बोलूँ

पाया बहुत कुछ है मैंने
खोया भी बहुत कुछ है
क्या पाने को मैं सुख बोलूँ ?
या खोने को मैं दुख बोलूँ ?
कहो तुम तो सयाने हो !
सुख बोलूँ या दुख बोलूँ ?

आये कुछ लोग जीवन में
जुदा फिर हो गए सारे
क्या उनका आना ही सुख था ?
या उनका जाना ही दुख था ?
कहो तुम तो सयाने हो !
सुख बोलूँ या दुख बोलूँ ?

पैसा भी आया कमाया था
जिम्मेदारियों को निभाया था
क्या पैसा होना ही सुख है ?
क्या उसका जाना ही दुख है ?

कहो तुम तो सयाने हो !
सुख बोलूँ या दुख बोलूँ ?

मिले दोनों दोस्त और दुश्म न
फिर दोनों ने रंग भी बदले
क्या उनका जूठा साथ ही सुख था ?
या हकीकत जान लेना ही दुख था ?
कहो तुम तो सयाने हो !
सुख बोलूँ या दुख बोलूँ ?

Nshah

6. मैं रोशनी हूँ ! अँधेरों से नहीं डरती हूँ

मैं रोशनी हूँ अंधेरों से नहीं डरती हूँ
जहाँ भी जाती हूँ रोशन जहाँ को करती हूँ
कई हैं रूप मेरे रंग मेरे ढंग मेरे
लेकिन हर इक रंग से रोशन जहाँ को करती हूँ
मैं रोशनी हूँ अंधेरों से नहीं डरती हूँ

बुझा ना सकोगे मुझे इसलिए ,कोशिश ना करो
मैं अद्वितीय हो अनमोल हूँ मेरा सम्मान करो
मैं अंधकार की कालिमा से नही डरती हूँ
जहाँ भी जाती हूँ रोशन जहाँ को करती हूँ
मैं रोशनी हूँ अंधेरों से नहीं डरती हूँ

स्वर्ण है वस्त्र मेरे आभा मेरी निराली है
सूर्य से दीप तक किरण मेरी मतवाली है
मैं अपने लिए नही जीती औरों के लिए जीती हूँ
श्वेत देकर कालिमा को पीती हूँ
रोशनी हूँ अंधेरों से नहीं डरती हूँ
जहाँ भी जाती हूँ रोशन जहाँ को करती हूँ
Nshah

7. बहना ही नदी की पहचान है

बहना ही नदी की पहचान है

जब तक वो बह रही है
तब तक ही वो नदी है
रुकते ही गंदा पानी
पहचान खो गयी है
जब तक वो बह रही है
तब तक ही वो नदी है

लोग आए प्यासे कितने
भर भर के ले गए घर
पानी वही हमारा
जिसे छूने से डर रहे हैं
ख़ुदगर्ज़ नदी उनको
आज कह रही है
जब तक वो बह रही है
तब तक ही वो नदी है

बादल था दोस्त उसका
बरसा वो जम के इतना

तालाब को सैलाब बनके
बहा गया वो फिर से
फिर से नदी का पानी
बहने लगा यूँ छल छल
खुदग़रज़ों का अक़्क़स
दिल से मिटा के बह रही है

जब तक वो बह रही है
तब तक ही वो नदी है

Nshah

8. जिस्म

ये दर्द मेरे जिस्म का

याद दिलाता है मुझे
की रहता हूँ मैं इस जिस्म में
रूह बनके यहाँ

बिना जिस्म तो रूह को
भूत कहते है यहाँ
ये जिस्म ही तो लिबाज़ है
मेरी रूह को ढकने के लिए

ये जिस्म ही तो है जिसपे
करते हो इतना गुमाँ
मिट्टी से बने लिबाज़ की
कितनी करोगे हिफ़ाज़तें

ये तू ये मैं दोनों अलग
लगते हैं मगर अलग है नहीं
इक बार मिल ऐसे मुझे की
मिट्टी के जैसे गूँध कर

मिट्टी बनायें इक नई

इस जिस्म को समझ जरा
इस जिस्म में ना उलझ जरा
जब तलक धूप है
इस जिस्म को तपा जरा
फिर शाम इसे ढलाएगी
फिर ये ही बोझ होगा तेरा
बड़ी गूढ़ बात है समझ
कोशिश तो कर तू ज़रा

Nshah

9. माँ

माँ
बच्चे के मुख से निकला पहला शब्द ,माँ

जिसने धरती पर ईश्वर के कार्य को संभाला ,माँ

जिसने हर परिस्थिति में साथ निभाया ,माँ

जिसने जीवन की शुरुआत में अपना दूध पिलाया ,माँ

जिसका मोल संसार की किसी वस्तु से नहीं किया जा सकता ,माँ

वो जो साक्षात ईश्वर है हमारे लिए ,माँ

Nshah

10. नसीब

कोई उठाता ईंटे दिन भर
कोई चलाता रिक्शा
वो भी किसी माँ का जन्मा
दिन भर माँगे भिक्षा
इतने अमीर क्यूँ बन गए हरामी
बिन मेहनत बिन शिक्षा
कोई उठाता ईंटे दिन भर
कोई चलाता रिक्शा

बच्चे बिन खाना बिन पानी
कैसे बस्ती में रहते
बर्गर पिज़्ज़ा खाने वाले
अपनी मस्ती में रहते
हाथ पाँव नहीं सलामत फिर भी करते काम
मोटे होते जाते अमीर निठल्ले
दिन भर करें आराम
कोई तो कुछ करे यहाँ पर
दे दे सबको दीक्षा
कोई उठाता ईंटे दिन भर
कोई चलाता रिक्शा

11. तू कैसा खुदा है ?

जो दर्द दे रहा मुझे , वो कैसा खुदा है ?
मेरे आँसू भी नहीं पोंछता , वो कैसा खुदा है ?
जो ख़ुद बना के छुप गया है कायनात को
ऐसा कौन करता है , तू कैसा खुदा है ?

कभी आ तो सही , मिल तो सही बात कर मुझसे
क्यूँ इतना जुदा रहता है ? तू कैसा खुदा है
मैंने तेरे लिए छोड़ दी दुनिया
कहते है लोग तू इस दुनिया का खुदा है

तोड़ के दिलों को सुकून आता नहीं कभी
फिर भी तोड़ता है रोज़ दिल तू कैसा खुदा है ?
तुझको दिखा के ज़ख्म हासिल क्या हुआ मुझे
मरहम तक नहीं लगाया तो तू कैसा खुदा है

मेरी सांस की डोरी से बँधा है तेरा नाम
तू इससे खेलता है तू कैसा खुदा है ?
बस एक बार अपना चेहरा दिखा मुझे
मैं मान जाऊँगा की तू सच मुच का खुदा है ❤

Nshah

12. मुझे कुछ कहना नहीं है

मुझे कुछ कहना नहीं है
बस यहाँ रहना नहीं है ।

बहुत पी लिए आँसू मैंने
अब एक भी पीना नहीं है
मत पूछो मुझसे रूठने का सबब
मुझे कुछ कहना नहीं है
बस यहाँ रहना नहीं है ।

तुम जाओ महफ़िलों में कहीं
मुझे साथ आना नहीं है
कैसी लगती है ये महफ़िले मुझको
मुझे कुछ कहना नहीं है
बस यहाँ रहना नहीं है ।

जान बक्श दो खुदा के लिए
मुझे अभी मरना नहीं है
अच्छी हो बुरी हो क्या बला हो
मुझे कुछ कहना नहीं है
बस यहाँ रहना नहीं है ।

क्या करूँगा इतनी तालीम लेकर
जब सदा के लिए रहना नहीं है
वो खुदा है ,नाखुदा है शैतान या फ़रिश्ता है
मुझे कुछ कहना नहीं है
बस यहाँ रहना नहीं है ।

ज़्यादा क़ीमत लगा दी तुमने
इतने का सौदा नहीं है
घाटा है फायदा है या क्या है
मुझे कुछ कहना नहीं है
बस यहाँ रहना नहीं है ।

Nshah

13. ख़ुद को चाह लिया मैंने

किसी ने जब नहीं चाहा तो ख़ुद को चाह लिया मैंने
ख़ुद को चाहते चाहते ही खुदा को पा लिया मैंने
मैं बेकार उम्र भर किसी तलाश में घुमा
अब बैठा जहाँ बस वही पे पा लिया मैंने

ना दोस्ती ही काम आयी ना दुश्मनी मुझको
सामने जो आया ,गले से लगा लिया मैंने
मुझे ना नरक जाना है ना मुझको स्वर्ग जाना है
यहीं पर कर्मों का लेखा जोखा कर लिया मैंने

बहुत देर से समझा गणित साँसो का मैंने
क्यूँकि संसार तो हर चीज़ का मोल पैसों से करता है
वो जिनका मोल पैसों में था वो किसी काम ना आए
ऐसी सभी चीजों से किनारा कर लिया मैंने

शरीर था जो घर मेरा, बड़ा ही आज्ञा कारी था
पैसों के खातिर उसको दौड़ाया बहुत मैंने
आज हिसाब जब शरीर का पैसों से किया मैंने

तो स्वयं को स्वयं से ही ठगा हुआ पाया बहुत मैंने

मैं नाचा झूम कर होली और दीवाली में
क्रिसमस, ईद हो या नानक bday सब मनाया मैंने
ना काला था ना गोरा था दिल का लहू यारों
सभी को दिल से चाहा और दिल से ही लगाया मैंने

Nshah

14. उन्हें याद मेरी आती तो होगी

उन्हें याद मेरी आती तो होगी
वो फूलों की ख़ुशबू सताती तो होगी
वो किताबों के पन्ने मुझे देख मोड़ लेना
किसी को किससे बताती तो होगी
उन्हें याद मेरी आती तो होगी ।

वो अब भी मुड़कर सड़क पर देखती होगी
फिर सड़क से खेतों में जाती तो होगी
वो गली जो मंदिर के थी ठीक पीछे
उस गली में आज भी वो आती तो होगी
उन्हें याद मेरी आती तो होगी ।

वो पेड जिसके सीने में था नाम गोदा
वो उसको उँगलियों से सहलाती तो होगी
था उसके आगन में गुलाब का जो पौधा
वो जुड़े में गुलाब लगाती तो होगी
उन्हें याद मेरी आती तो होगी ।

वो अब भी वरत रखती होगी मेरे

चाँद को देखकर खाना खाती तो होगी
वो साँसो को भर्ती होगी जब सीने में
आँखो में नमी थोड़ी आती तो होगी
उन्हें याद मेरी आती तो होगी ।

Nshah

15. बंद लिफ़ाफ़े में कोरा कागज भेजा है उसने !

बंद लिफ़ाफ़े में कोरा
कागज भेजा है उसने !

जैसे मौन की भाषा में
तूफ़ान सा भेजा है उसने

जब से खोला है ख़त उसका
इक पल भी मुझको चैन नहीं
जैसे अपना सब हाल-ए- दिल
चुप्पी में भेजा है उसने

ख़ामोश रही , ना लिख पायी
मतलब पहरे है लगे हुए
इक बूँद मगर ख़त पर देखी
कुछ आँसू भेजे हैं उसने !

ये पहरे दुनिया दारी के
ये रिश्ते सब मक्कारी के

कोशिश करता हूँ पढ़ने की
जो -जो नहीं लिखा उसने !

तेरा संदेसा पहुँच गया
बस अब मुझको मिलने आना है
तेरे इस ख़त का उत्तर "मैं हूँ "
बस ये ही लिखा है उसने !✨❤

Nshah

16. तेरा मेरा बस इतना था !

तेरा मेरा बस इतना था !

नाराज़ ना हो मुझसे मैं भी
नाराज़ नहीं हूँ अब तुझसे
जब से मैंने जान लिया
तेरा मेरा बस इतना था ।

जो संग बिताए हमने पल
वो कल की सुनहरी यादें है
अब राहें अलग और जुदा सफ़र
तेरा मेरा बस इतना था ।

हो सकता है कुछ ग़लत लगा
मेरा तुझको तेरा मुझको
पर भाग्य लिखा विधाता ने
तेरा मेरा बस इतना था ।

तू खुश रहे मैं भी खुश हूँ
बस यही दुआ है अब दिल से
कभी मिलें नहीं हम जुदा रहे

तेरा मेरा बस इतना था ।

Nshah

17. सागर का ग़म सागर जाने

दुनियां के छोटे पैमाने !
कैसे तुमको समझाऊँगा
कैसे तुमको दिखलाऊँगा
यहाँ तो सब दिखते बेगाने
सागर का ग़म सागर जाने ।

अमिताभ किसको कहता है ?
शाह रुख़ किसके कंधे पे रोता है ?
वो सागर सा जीने वाले
छोटों की सब सुनने वाले
अपना कब कहाँ कहतें हैं
बस सागर बनके रहते हैं ।
यहाँ तो सब दिखते बेगाने
सागर का ग़म सागर जाने ।

मटके को कैसे समझाऊँ
सागर होना क्या होता है ।
कानों की क्षमता है सीमित
इतना मेरा गर्जन होता है

मुझको आए कल के बच्चे समझाने
लेके समझ के छोटे पैमाने

यहाँ तो सब दिखते बेगाने
सागर का ग़म सागर जाने ।

Nshah

18. जरूरी नहीं तुम जिसे चाहो

जरूरी नहीं तुम जिसे चाहो
वो भी तुम्हे चाहे
चाहत का गणित नहीं
चाहत का रसायन (chemistry)होता है

जिसे चाहा वो मिल जाए
कहाँ होता है कहो मुमकिन ?
मुमकिन हो अगर जाए
तो फिर कल्याण होता है

जरूररते और सुख देखते है प्यार में जो लोग
उनके पास सब कुछ होता है
नहीं आराम होता है
वो जो पलको पे बैठा सकता था तुम्हें
वो चुना नहीं तुमने
परवानों का शम्मा पे मिट जाना ही
काम होता है
चाहत का गणित नही
चाहत का रसायन होता है ।

Nshah

19. राम

राम
तुम्हारा नाम जप के कोई जी रहा है |
क्या तुम्हें मालूम है राम ?

तुम्हारा होना ही सहारा है किसी का
क्या तुम्हें मालूम है राम ?

जीवन के अंतिम क्षण में भी तुम ही सत्य हो
क्या तुम्हें मालूम है राम ?

तुम केवल इतिहास के राजा नहीं अपितु जीवंत हो आज भी
क्या तुम्हें मालूम है राम ?

तुम्हारा नाम सबसे बड़ा है, तुमसे भी बड़ा
क्या तुम्हें मालूम है राम ?

Nshah

20. जीवन इक संग्राम है योद्धा

जीवन इक संग्राम है योद्धा
युद्ध तुम्हें तो करना होगा
अपनों से भी , गैरों से भी
सही के खातिर लड़ना होगा |
कभी मिलेगी तुम्हें पराजय
कभी विजय भी दस्तक देगी
परिस्थिति चाहे जैसी भी हो
लेकिन तुम्हें संभलना होगा |

काली निशा घेरेगी मन को
ह्रदय में कई सवाल उठेंगे
लेकिन सुबह की लालिमा लाने
घर से तुम्हें निकालना होगा |

बाधायें रोकेंगी पथ को
तूफानों से टकराना होगा
चाहे गिरिराज समक्ष या जाए
लेकिन तुमको चलना होगा |
जीवन इक संग्राम है योद्धा
युद्ध तुम्हें तो करना होगा ||

Nshah

21. बताओ क्यों चाँद है आसमाँ पे

बताओ क्यों चाँद है आसमाँ पे
जमीं पे आने से क्यों घबराता है
पता चाँद को है , जमीं का चाँद तुम हो
इसलिए चाँद चाँद से शरमाता है ।

बताओ हवा क्यूँ चलती है हरदम
कभी भी ना उसको करार आता है
पता है हवा को रेशम का दुपट्टा
हवा में तुम्हारा लहराता है

बताओ दिल क्यों धड़कता हर दम
ध क ध क -ध क ध क धड़कता जाता है
पता है दिल को हर दिल की ध क से
मुझे मेरी जान का ख्याल आता है ❤
Nshah

www.ingramcontent.com/pod-product-compliance
Lightning Source LLC
La Vergne TN
LVHW050822051026
849532LV00008B/3074